AF206804

Impressum
Verlag: BABADADA GmbH, Nedderfeld 112 , 22529 Hamburg
Geschäftsführer / Verlagsleitung: Harald Hof
Druck: Books on Demand GmbH, In de Tarpen 42, 22848 Norderstedt

Imprint
Publisher: BABADADA GmbH, Nedderfeld 112 , 22529 Hamburg, Germany
Managing Director / Publishing direction: Harald Hof
Print: Books on Demand GmbH, In de Tarpen 42, 22848 Norderstedt, Germany

sala de aulas
jiao shi

dividir
chu

quadro
hei ban

pátio da escola
xiao yuan

professor
lao shi

papel
zhi

escrever
shu xie

caneta
gang bi

secretária
ban gong zhuo

régua
zhi chi

livro
shu

aluno
xue sheng

mochila

shu bao

estojo de lápis

qian bi he

lápis

qian bi

afia-lápis

juan bi dao

borracha

xiang pi ca

bloco de desenho

hua ban

desenho

tu hua

pincel

hua bi

caixa de tintas

yan liao he

tesoura

jian dao

cola

jiao shui

livro de exercícios

lian xi ce

trabalhos de casa

jia ting zuo ye

número

shu zi

somar

jia

subtrair

jian

multiplicar

cheng

calcular

ji suan

letra

zi mu

alfabeto

zi mu biao

palavra

zi

texto

ke wen

ler

du

giz

fen bi

hora

shang ke

registo de presenças

deng ji

exame

kao shi

certificado

zheng shu

uniforme escolar

xiao fu

educação

jiao yu

enciclopédia

bai ke quan shu

universidade

da xue

microscópio

xian wei jing

mapa

di tu

cesto de lixo

fei zhi kuang

hotel
jiu dian

hostel
qing nian lü xing she

casa de câmbio
wai bi dui huan chu

mala
shou ti xiang

carro
qi che

idioma
yu yan

sim / não
shi/fou

ok / certo / correto
hao de

olá
nin hao

intérprete
fan yi yuan

obrigado
xie xie

quanto é que custa... ?

......duo shao qian?

não entendo

wo bu ming bai

problema

wen ti

boa noite!

wan shang hao!

Bom dia!

zao shang hao!

Boa noite!

wan an!

adeus

zai jian

direção

fang xiang

bagagem

xing li

saco

bao

mochila

shuang jian bao

convidado

ke ren

quarto

fang jian

saco-cama

shui dai

tenda

zhang peng

viagem - lü xing

informação turística

lü you xin xi

praia

hai tan

cartão de crédito

xin yong ka

pequeno-almoço

zao can

almoço

wu can

jantar

wan can

bilhete

piao

elevador

dian ti

selo postal

you piao

fronteira

bian jie

alfândega

hai guan

embaixada

da shi guan

visto

qian zheng

passaporte

hu zhao

avião
fei ji

navio
chuan

carro de bombeiros
xiao fang che

camião
ka che

autocarro
gong jiao che

barco a motor
qi ting

bicicleta
zi xing che

carro
qi che

cacilheiro

bai du chuan

barco

xiao chuan

mota

mo tuo che

carro de polícia

jing che

carro de corrida

sai che

carro alugado

zu che

carsharing

pin che

camião de reboque

tuo che

camião do lixo

la ji che

motor

fa dong ji

combustível

qi you

estação de serviço

jia you zhan

sinal de trânsito

jiao tong biao zhi

trânsito

jiao tong

congestionamento de
trânsito
jiao tong du sai

parque de estacionamento

ting che chang

estação ferroviária

huo che zhan

carris

gui dao

comboio

huo che

elétrico

dian che

carruagem

huo che

helicóptero

zhi sheng ji

aeroporto

ji chang

torre

ta

passageiro

cheng ke

contentor

ji zhuang xiang

caixa de papelão

zhi ban xiang

carrinho

shou tui che

cesto

lan zi

levantar voo / aterrar

qi fei/jiang luo

cidade

cheng shi

aldeia

cun zhuang

centro da cidade

shi zhong xin

casa

fang zi

cinema
dian ying yuan

publicidade
guang gao

poste de iluminação
lu deng

rua
jie dao

táxi
chu zu che

quiosque
xiao chi dian

peão
xing ren

passeio
ren xing dao

cruzamento
shi zi lu kou

passadeira para peões
ban ma xian

caixote do lixo
la ji xiang

semáforo
hong lü deng

CINEMA

cabana

xiao wu

apartamento

gong yu

estação ferroviária

huo che zhan

câmara municipal

shi zheng ting

museu

bo wu guan

escola

xue xiao

universidade

da xue

banco

yin hang

hospital

yi yuan

hotel

jiu dian

farmácia

yao fang

escritório

ban gong shi

livraria

shu dian

loja

shang dian

florista

hua dian

supermercado

chao shi

mercado

shi chang

loja de departamentos

bai huo shang dian

peixaria

yu dian

centro comercial

gou wu zhong xin

porto

hai gang

parque

gong yuan

banco

chang deng

ponte

qiao

escadas

lou ti

metro

di tie

túnel

sui dao

paragem de autocarro

gong jiao che zhan

bar

jiu ba

restaurante

can guan

caixa de correio

you tong

sinal de trânsito

lu biao

parquímetro

ting che ji shi qi

jardim zoológico

dong wu yuan

piscina

you yong guan

mesquita

qing zhen si

cidade - cheng shi

13

quinta
nong chang

poluição
wu ran

cemitério
mu di

igreja
jiao tang

parque infantil
cao chang

templo
si miao

paisagem
di xing

folha
shu ye

placa de sinalização
zhi shi pai

caminho
lu

prado
cao di

pedra
shi tou

caminhantes
tu bu lü xing zhe

árvore
shu

rio
he

relva
cao

flor
hua

vale

xia gu

montanha

shan

lago

hu

floresta

sen lin

deserto

sha mo

vulcão

huo shan

castelo

cheng bao

arco-íris

cai hong

cogumelo

mo gu

palma

zong lü shu

mosquito

wen zi

mosca

cang ying

formiga

ma yi

abelha

mi feng

aranha

zhi zhu

besouro

jia chong

sapo

qing wa

esquilo

song shu

ouriço

ci wei

lebre

ye tu

coruja

mao tou ying

pássaro

niao

cisne

tian e

javali

ye zhu

veado

lu

alce

mi lu

barragem

shui ba

turbina eólica

feng li fa dian ji

painel solar

tai yang neng dian chi ban

clima

qi hou

empregado de mesa
fu wu yuan

menu
cai dan

cadeira
yi zi

sopa
tang

pizza
pi sa bing

talheres
can ju

toalha de mesa
zhuo bu

entrada
qian cai

prato principal
zhu cai

sobremesa
tian dian

bebidas
yin liao

comida
shi wu

garrafa
ping zi

fast food

kuai can

comida de rua

jie bian xiao chi

bule de chá

cha hu

açucareiro

tang he

porção

yi fen fan cai

máquina de café expresso

yi shi ka fei ji

cadeira alta

gao jiao yi

conta

zhang dan

bandeja

tuo pan

faca

dao

garfo

can cha

colher

shao zi

colher de chá

cha chi

guardanapo

can jin

copo

bo li bei

prato
<hr>
die zi

prato de sopa
<hr>
tang pan

pires
<hr>
die zi

molho
<hr>
jiang

saleiro
<hr>
yan ping

moinho de pimenta
<hr>
hu jiao mo

vinagre
<hr>
cu

óleo
<hr>
shi yong you

especiarias
<hr>
tiao wei liao

ketchup
<hr>
fan qie jiang

mostarda
<hr>
jie mo

maionese
<hr>
dan huang jiang

oferta especial
te jia

cliente
gu ke

laticínios
ru zhi pin

fruta
shui guo

carrinho de compras
gou wu che

talho
rou pu

padaria
mian bao fang

pesar
cheng zhong

vegetais
shu cai

carne
rou

alimentos congelados
leng dong shi pin

charcutaria

leng pan

comida enlatada

guan tou shi pin

detergente em pó

xi yi fen

doces

tian shi

artigos domésticos

ri yong pin

produtos de limpeza

qing jie yong pin

vendedora

xiao shou yuan

caixa

shou yin ji

caixa

shou yin yuan

lista de compras

gou wu qing dan

horário de funcionamento

kai fang shi jian

carteira

qian bao

cartão de crédito

xin yong ka

saco

dai zi

saco de plástico

su liao dai

água

shui

sumo

guo zhi

leite

niu nai

coca-cola

ke le

vinho

hong jiu

cerveja

pi jiu

álcool

jiu

cacau

ke ke

chá

cha

café

ka fei

café expresso

yi shi nong suo ka fei

capuccino

ka bu qi nuo

banana

xiang jiao

maçã

ping guo

laranja

cheng zi

melão

xi gua

limão

ning meng

cenoura

hu luo bo

alho

da suan

bambu

zhu zi

cebola

yang cong

cogumelo

mo gu

nozes

jian guo

talharim

mian tiao

esparguete

yi da li mian tiao

arroz

mi fan

salada

sha la

batatas fritas

shu tiao

batatas fritas

zha tu dou

pizza

pi sa bing

hambúrguer

han bao bao

sanduíche

san ming zhi

bife panado

zha zhu pai

fiambre

huo tui

salame

sa la mi

salsicha

xiang chang

galinha

ji rou

assado

kao rou

peixe

yu

flocos de aveia

yan mai pian

muesli

mu zi li

flocos de milho

yu mi pian

farinha

mian fen

croissant

yang jiao mian bao

carcaça (pãozinho)

mian bao juan

pão

mian bao

torrada

kao mian bao

biscoitos

bing gan

manteiga

huang you

requeijão

ning ru

bolo

dan gao

ovo

dan

ovo estrelado

jian dan

queijo

nai lao

gelado

bing ji lin

açúcar

tang

mel

feng mi

compota

guo jiang

creme de nougat

qiao ke li jiang

caril

ga li fan

casa de quinta
nong she

celeiro
liang cang

fardo de palha
dao cao kun

campo
tian ye

cavalo
ma

reboque
tuo che

potro
ma ju

trator
tuo la ji

burro
lü

cordeiro
gao yang

ovelha
yang

cabra

shan yang

vaca

nai niu

bezerro

niu du

porco

zhu

leitão

xiao zhu

touro

gong niu

ganso

e

pato

ya

pintaínho

xiao ji

galinha

mu ji

galo

gong ji

ratazana

shu

gato

mao

rato

lao shu

boi

niu

cão

gou

casota

gou wu

mangueira de jardim

hua yuan jiao shui ruan guan

regador

sa shui hu

foice

chang bing da lian dao

arado

li

foice

lian dao

enxada

chu tou

forquilha

chang bing cao pa

machado

fu tou

carrinho de mão

du lun shou tui che

manjedoura

si liao cao

jarro de leite

niu nai guan

saco

ma bu dai

cerca

zha lan

estábulo

ma jiu

estufa

wen shi

solo

tu rang

semente

zhong zi

fertilizante

fei liao

ceifeira-debulhadora

lian he shou ge ji

colher

shou ge

colheita

shou ge

inhame

shan yao

trigo

xiao mai

soja

da dou

batata

tu dou

milho

yu mi

colza

you cai zi

árvore de fruto

guo shu

mandioca

shu shu

cereais

gu wu

chaminé
yan cong

telhado
wu ding

caleira
luo shui guan

janela
chuang hu

garagem
che ku

campainha da porta
men ling

porta
men

balde do lixo
la ji tong

caixa de correio
xin xiang

jardim
hua yuan

sala de estar

ke ting

casa de banho

yu shi

cozinha

chu fang

quarto de dormir

wo shi

quarto de criança

er tong fang

sala de jantar

can ting

chão
di ban

parede
qiang bi

teto
diao ding

cave
di jiao

sauna
sang na

varanda
yang tai

terraço
lu tai

piscina
you yong chi

máquina de cortar relvado
ge cao ji

lençol
bei dan

cobertor
chuang zhao

cama
chuang

vassoura
sao zhou

balde
shui tong

interruptor
kai guan

papel de parede
bi zhi

imagem
zhao pian

lâmpada
tai deng

prateleira
ge jia

armário
chu gui

televisão
dian shi ji

lareira
bi lu

flor
hua

almofada
dian zi

sofá
sha fa

vaso
hua ping

controlo remoto
yao kong qi

tapete
di tan

cortina
chuang lian

mesa
can zhuo

cadeira
yi zi

cadeira de baloiço
yao yi

poltrona
fu shou yi

livro

shu

cobertor

tan zi

decoração

zhuang shi pin

lenha

mu chai

filme

dian ying

sistema estéreo

gao bao zhen yin xiang

chave

yao shi

jornal

bao zhi

pintura

you hua

póster

hai bao

rádio

shou yin ji

bloco de notas

bi ji ben

aspirador

xi chen qi

cato

xian ren zhang

vela

la zhu

frigorífico
bing xiang

microondas
wei bo lu

balança de cozinha
chu fang cheng

torradeira
kao mian bao ji

detergente
xi jie jing

forno
kao xiang

congelador
bing gui

balde do lixo
la ji tong

máquina de lavar louça
xi wan ji

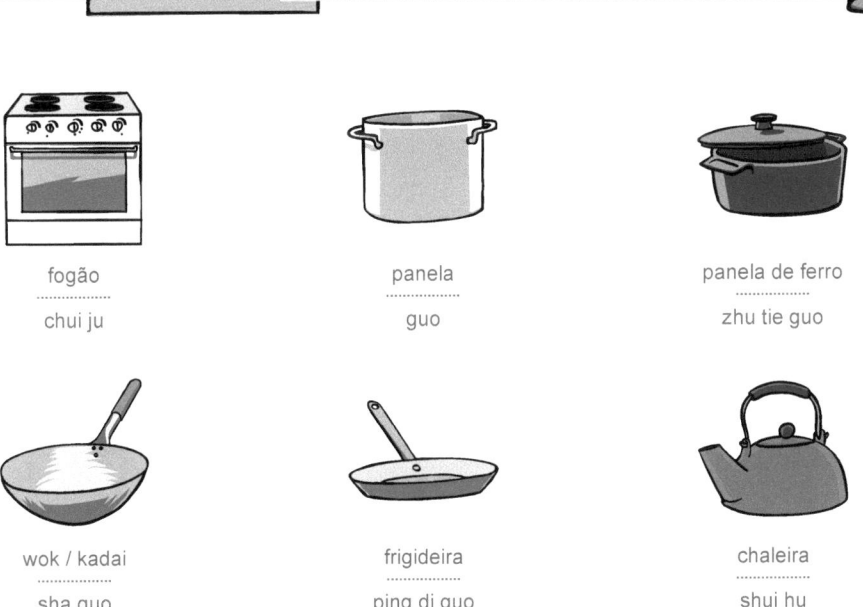

fogão	panela	panela de ferro
chui ju	guo	zhu tie guo

wok / kadai	frigideira	chaleira
sha guo	ping di guo	shui hu

panela a vapor

zheng guo

tabuleiro de forno

kao pan

louça

tao ci guo

caneca

ma ke bei

tigela

wan

pauzinhos

kuai zi

concha de sopa

chang bing shao

espátula

chan zi

batedor de claras

jiao ban qi

escorredor

lü wang

peneira

shai zi

ralador

mo sui ji

almofariz

yan bo

churrasqueira

shao kao

lareira

ming huo

tábua de cortar

cai ban

rolo da massa

gan mian zhang

saca-rolhas

kai ping qi

lata

guan zi

abridor de latas

kai ping qi

luvas de forno

ge re shou tao

lava-loiça

shui cao

escova

shua zi

esponja

hai mian

liquidificador

jiao ban ji

arca frigorífica

leng cang xiang

biberão

nai ping

torneira

shui long tou

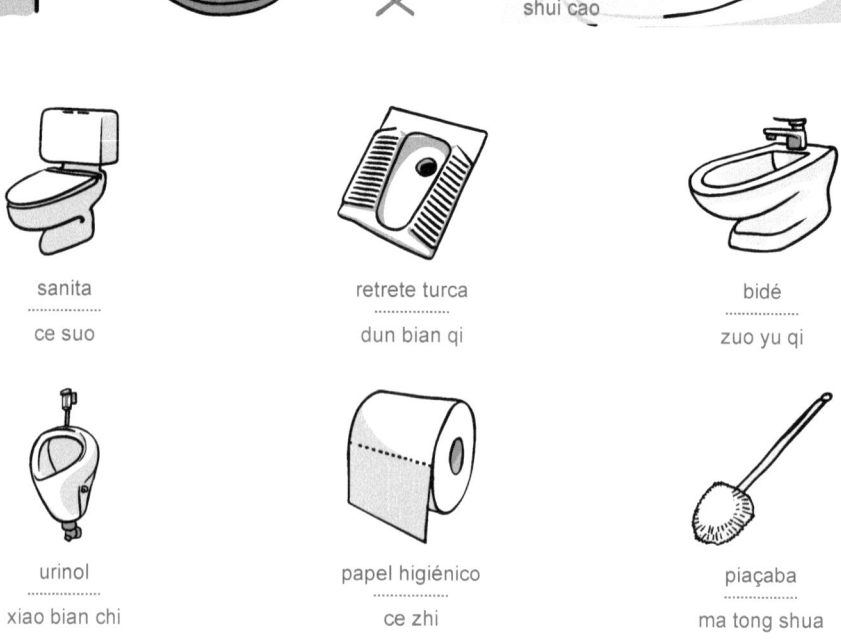

aquecimento	chuveiro
gong nuan she bei	lin yu
toalha	cortina de chuveiro
mao jin	yu lian
banho de espuma	
pao mo yu	
banheira	copo
yu gang	bo li bei
máquina de lavar roupa	torneira
xi yi ji	shui long tou
azulejos	
ci zhuan	
penico	lava-loiça
bian hu	shui cao

sanita	retrete turca	bidé
ce suo	dun bian qi	zuo yu qi

urinol	papel higiénico	piaçaba
xiao bian chi	ce zhi	ma tong shua

escova de dentes

ya shua

pasta de dentes

ya gao

fio dentário

ya xian

lavar

xi

chuveiro de mão

shou chi shi pen lin tou

duche íntimo

chong xi qi

bacia

xi lian pen

escova para as costas

ca bei shua

sabonete

fei zao

gel de banho

mu yu lu

champô

xi fa shui

toalha de rosto

fa lan rong

escoamento

pai shui

creme

ru shuang

desodorizante

chu chou ji

espelho

jing zi

espelho de mão

shou jing

máquina de barbear

ti xu dao

creme de barbear

ti xu pao mo

loção pós-barba

xu hou shui

pente

shu zi

escova

shua zi

secador de cabelo

chui feng ji

spray de cabelo

pen fa ding xing ji

maquilhagem

hua zhuang pin

batom

chun gao

verniz de unhas

zhi jia you

algodão

hua zhuang mian

tesoura para unhas

zhi jia jian

perfume

xiang shui

nécessaire
xi shu bao

tamborete
deng zi

balança
ji zhong cheng

roupão de banho
yu pao

luvas de borracha
xiang jiao shou tao

tampão
wei sheng mian tiao

penso higiénico
wei sheng jin

WC químico
hua xue ce suo

despertador
nao zhong

peluche
mao rong wan ju

carro de brincar
wan ju che

chocalho
bo lang gu

casa de bonecas
wan ju wu

presente
li wu

balão
qi qiu

cama
chuang

carrinho de bebé
(yang wa wa yong)ying er che

jogo de cartas
pu ke pai

quebra-cabeças
pin tu

banda desenhada
man hua

peças de Lego

le gao ji mu

blocos de construção

ji mu wan ju

figura de ação

wan ju ren

fato de bebé

ying er fu

Frisbee

fei pan

móbile para bebé

chuang ling wan ju

jogo de tabuleiro

qi pan you xi

dados

shai zi

pista de comboio elétrico

huo che mo xing

chupeta

an fu nai zui

festa

ju hui

livro ilustrado

hui ben

bola

qiu

boneca

yang wa wa

jogar

wan

caixa de areia

sha keng

baloiço

qiu qian

brinquedos

wan ju

consola de jogos

you xi ji

triciclo

san lun che

ursinho de peluche

tai di xiong

guarda-roupa

yi chu

vestuário
yi fu

meias

wa zi

meias pelo joelho

chang wa

meias-calças

jin shen ku

cachecol
wei jin

guarda-chuva
yu san

t-shirt
T xu

cinto
pi dai

sapatilhas
yun dong xie

botas
xue zi

chinelos
tuo xie

sandálias
liang xie

sapatos
xie

botas de borracha
yu xue

cuecas
nei ku

sutiã
xiong zhao

camisola interior
bei xin

body

shen ti

calças

ku zi

calças de ganga

niu zai ku

saia

duan qun

blusa

nü shi chen shan

camisa

chen shan

pulôver

tao tou shan

camisola com capuz

wei yi

blazer

xi zhuang jia ke

casaco

jia ke

manto

wai tao

gabardina

yu yi

traje

tao zhuang

vestido

lian yi qun

vestido de casamento

hun sha

fato
xi zhuang

camisa de dormir
shui pao

pijama
shui yi

sari
sha li

lenço de cabeça
tou jin

turbante
bao tou jin

burca
bo ka

cafetã
ka fu tan

abaya
(a la bo shi)chang pao

fato de banho
yong yi

calções de banho
nan shi yong ku

calções
duan ku

fato de treino
yun dong fu

avental
wei qun

luvas
shou tao

botão

niu kou

óculos

yan jing

pulseira

shou lian

colar

xiang lian

anel

jie zhi

brinco

er huan

boné

bian mao

cabide

yi jia

chapéu

mao zi

gravata

ling dai

fecho de correr

la lian

capacete

tou kui

suspensórios

bei dai

uniforme escolar

xiao fu

uniforme

zhi fu

babete
wei dou

chupeta
an fu nai zui

fralda
niao bu shi

servidor
fu wu qi

armário de arquivo
wen jian gui

impressora
da yin ji

papel
zhi

ecrã
xian shi ping

secretária
ban gong zhuo

rato
shu biao

pasta
wen jian jia

teclado
jian pan

cesto de lixo
fei zhi kuang

cadeira
yi zi

computador
dian nao

caneca de café
ka fei bei

calculadora
ji suan qi

internet
yin te wang

computador portátil

bi ji ben dian nao

carta

xin jian

mensagem

xiao xi

telemóvel

shou ji

rede

wang luo

fotocopiadora

fu yin ji

software

ruan jian

telefone

dian hua

tomada elétrica

cha zuo

fax

chuan zhen ji

formulário

biao ge

documento

wen jian

comprar

mai

pagar

fu qian

negociar

jiao yi

dinheiro

xian jin

dólar

mei yuan

euro

ou yuan

yen

ri yuan

rublo

lu bu

franco suíço

rui shi fa lang

renminbi yuan

ren min bi

rupia

lu bi

caixa de multibanco

ti kuan chu

casa de câmbio

wai bi dui huan chu

ouro

jin

prata

yin

petróleo

shi you

energia

neng yuan

preço

jia ge

contrato

he tong

imposto

shui jin

ação

gu piao

trabalhar

gong zuo

empregado

zhi yuan

entidade patronal

lao ban

fábrica

gong chang

loja

shang dian

agente da polícia
jing guan

bombeiro
xiao fang yuan

piloto
fei xing yuan

cozinheiro
chu shi

médico
yi sheng

jardineiro

yuan ding

carpinteiro

mu jiang

costureira

cai feng

juiz

fa guan

químico

hua xue jia

ator

yan yuan

motorista de autocarro

gong jiao che si ji

motorista de táxi

chu zu che si ji

pescador

yu fu

empregada de limpeza

qing jie nü gong

telhador

wu ding gong

empregado de mesa

fu wu yuan

caçador

lie ren

pintor

hua jia

padeiro

mian bao shi

eletricista

dian gong

construtor

jian zhu gong ren

engenheiro

gong cheng shi

talhante

tu fu

canalizador

shui guan gong

carteiro

you di yuan

soldado

shi bing

arquiteto

jian zhu shi

caixa

shou yin yuan

florista

hua nong

cabeleireiro

li fa shi

controlador de bilhetes

shou piao yuan

mecânico

ji xie shi

capitão

chuan zhang

dentista

ya yi

cientista

ke xue jia

rabino

la bi

imã

yi ma mu

monge

he shang

pastor

mu shi

martelo
tie chui

alicate
qian zi

chave de fendas
luo si dao

chave inglesa
ban shou

lanterna
shou dian tong

escavadora

wa jue ji

caixa de ferramentas

gong ju xiang

escadote

ti zi

serra

ju zi

pregos

ding zi

broca

zuan ji

reparar
xiu

pá
chan zi

porcaria!
kao!

pá de lixo
bo ji

pote de tinta
you qi tong

parafusos
luo si

instrumentos musicais
yue qi

bateria
da ji yue qi

altifalante
yang sheng qi

contrabaixo
di yin ti qin

trompete
xiao hao

guitarra
ji ta

piano

gang qin

violino

xiao ti qin

baixo

bei si

timbales

ding yin gu

tambor

gu

teclado

dian zi qin

saxofone

sa ke si guan

flauta

chang di

microfone

mai ke feng

tigre
lao hu

entrada
ru kou

gaiola
long zi

zebra
ban ma

ração animal
dong wu si liao

panda
xiong mao

animais

dong wu

elefante

da xiang

canguru

dai shu

rinoceronte

xi niu

gorila

da xing xing

urso

xiong

camelo

luo tuo

avestruz

tuo niao

leão

shi zi

macaco

hou zi

flamingo

huo lie niao

papagaio

ying wu

urso polar

bei ji xiong

pinguim

qi e

tubarão

sha yu

pavão

kong que

cobra

she

crocodilo

e yu

guarda do jardim zoológico

dong wu yuan guan li yuan

foca

hai bao

jaguar

mei zhou bao

pónei

ai zhong ma

leopardo

bao

hipopótamo

he ma

girafa

chang jing lu

águia

lao ying

javali

ye zhu

peixe

yu

tartaruga

gui

morsa

hai xiang

raposa

hu li

gazela

ling yang

futebol americano
gan lan qiu

ciclismo
qi zi xing che

ténis
wang qiu

basquetebol
lan qiu

natação
you yong

boxe
quan ji

hóquei no gelo
bing qiu

futebol
ying shi zu qiu

badminton
yu mao qiu

atletismo
tian jing

andebol
shou qiu

esqui
hua xue

polo
ma qiu

saltar
tiao

rir
xiao

abraçar
yong bao

andar
zou lu

cantar
chang

sonhar
zuo meng

rezar
qi dao

beijar
qin wen

escrever
shu xie

desenhar
hua

mostrar
zhan shi

empurrar
tui

dar
gei

tomar
na

ter
....
you

fazer
....
zuo

ser
....
dang

ficar de pé
....
zhan

correr
....
pao

puxar
....
la

remessar
....
reng

cair
....
shuai dao

deitar
....
tang

esperar
....
deng dai

carregar
....
xie dai

sentar
....
zuo

vestir
....
chuan yi

dormir
....
shui jiao

acordar
....
xing lai

olhar para
....
kan

chorar
....
ku

acariciar
....
fu mo

pentear
....
shu tou

falar
....
jiao tan

compreender
....
ming bai

perguntar
....
wen

ouvir
....
ting

beber
....
he

comer
....
chi

arrumar
....
qing li

amar
....
ai

cozinhar
....
zuo fan

conduzir
....
kai che

voar
....
fei

velejar

hang xing

calcular

ji suan

ler

du

aprender

xue xi

trabalhar

gong zuo

casar

jie hun

costurar

feng

escovar os dentes

shua ya

matar

sha

fumar

chou yan

enviar

ji

avó
zu mu

avô
zu fu

pai
fu qin

mãe
mu qin

bebé
ying tong

filha
nü er

filho
er zi

convidado

ke ren

tia

a yi

tio

shu shu

irmão

xiong di

irmã

jie mei

testa
qian e

olho
yan jing

ombro
jian bang

dedo
shou zhi

cara
lian

queixo
xia ba

mão
shou

peito
ru fang

perna
tui

braço
shou bi

bebé

ying tong

homem

nan ren

mulher

nü ren

menina

nü hai

menino

nan hai

cabeça

tou

costas

bei bu

barriga

du zi

umbigo

du qi

dedo do pé

jiao zhi

calcanhar

jiao hou gen

osso

gu tou

anca

tun bu

joelho

xi gai

cotovelo

shou zhou

nariz

bi zi

nádegas

pi gu

pele

pi fu

bochecha

lian jia

orelha

er duo

lábio

zui chun

boca

zui

dente

ya chi

língua

she tou

cérebro

nao

coração

xin zang

músculo

ji rou

pulmão

fei

fígado

gan zang

estômago

wei

rins

shen zang

relações sexuais

xing jiao

preservativo

bi yun tao

óvulo

luan zi

esperma

jing zi

gravidez

huai yun

menstruação
....
yue jing

vagina
....
yin dao

pénis
....
yin jing

sobrancelha
....
mei mao

cabelo
....
tou fa

pescoço
....
bo zi

hospital
yi yuan

ambulância
jiu hu che

cadeira de rodas
lun yi

fratura
gu zhe

médico

yi sheng

serviço de urgências

ji zhen shi

enfermeira

hu shi

emergência

jin ji qing kuang

inconsciente

hun mi

dor

tong

ferimento

shou shang

hemorragia

chu xue

ataque cardíaco

xin zang bing fa zuo

acidente vascular cerebral

zhong feng

alergia

guo min

tosse

ke sou

febre

fa shao

gripe

liu gan

diarreia

fu xie

dor de cabeça

tou tong

cancro

ai zheng

diabetes

tang niao bing

cirurgião

wai ke yi sheng

bisturi

shou shu dao

operação

shou shu

CT

CT

raio x

X guang

ultrassom

chao sheng bo

máscara

kou zhao

doença

ji bing

sala de espera

hou zhen shi

muleta

guai zhang

penso rápido

shi gao

ligadura

beng dai

injeção

zhu she

estetoscópio

ting zhen qi

maca

dan jia

termómetro

ti wen ji

nascimento

chu sheng

excesso de peso

chao zhong

aparelho auditivo

zhu ting qi

desinfetante

xiao du ye

infeção

gan ran

vírus

bing du

HIV / SIDA

ai zi bing

medicamento

yao wu

vacinação

jie zhong yi miao

comprimidos

yao pian

pílula

yao wan

chamada de emergência

ji jiu dian hua

dispositivo de medição de
pressão arterial

xue ya ji

doente / saudável

sheng bing/jian kang

Socorro!

jiu ming!

alarme

jing bao

assalto

tu ji

ataque

gong ji

perigo

wei xian

saída de emergência

jin ji chu kou

Fogo!

zhao huo la!

extintor de incêndios

mie huo qi

acidente

yi wai

estojo de primeiros socorros

ji jiu xiang

SOS

hu jiu xin hao

polícia

jing cha

Europa

ou zhou

América do Norte

bei mei zhou

América do Sul

nan mei zhou

África

fei zhou

Ásia

ya zhou

Austrália

ao zhou

Atlântico

da xi yang

Pacífico

tai ping yang

Oceano Índico

yin du yang

Oceano Antártico

nan bing yang

Oceano Ártico

bei bing yang

Polo Norte

bei ji

Polo Sul
nan ji

Antártica
nan ji zhou

terra
di qiu

país
lu di

mar
hai

ilha
dao

nação
guo jia

estado
guo jia

mostrador do relógio

zhong mian

ponteiro das horas

shi zhen

ponteiro dos minutos

fen zhen

ponteiro dos segundos

miao zhen

Que horas são?

xian zai ji dian?

dia

tian

tempo

shi jian

agora

xian zai

relógio digital

dian zi biao

minuto

fen

hora

shi

segunda-feira
zhou yi

quarta-feira
zhou san

sexta-feira
zhou wu

quinta-feira
zhou er

sábado
zhou liu

quinta-feira
zhou si

domingo
zhou ri

ontem

zuo tian

hoje

jin tian

amanhã

ming tian

manhã

zao chen

meio-dia

zhong wu

entardecer

wan shang

MO	TU	WE	TH	FR	SA	SU
1	2	3	4	5	6	7
8	9	10	11	12	13	14
15	16	17	18	19	20	21
22	23	24	25	26	27	28
29	30	31	1	2	3	4

dias úteis

gong zuo ri

MO	TU	WE	TH	FR	SA	SU
1	2	3	4	5	6	7
8	9	10	11	12	13	14
15	16	17	18	19	20	21
22	23	24	25	26	27	28
29	30	31	1	2	3	4

fim de semana

zhou mo

chuva
yu

arco-íris
cai hong

neve
xue

vento
feng

primavera
chun

outono
qiu

verão
xia

inverno
dong

previsão do tempo
tian qi yu bao

termómetro
wen du ji

raios de sol
yang guang

nuvem
yun

neblina / nevoeiro
wu

humidade do ar
chao shi

relâmpago

shan dian

trovão

da lei

tempestade

feng bao

granizo

bing bao

monção

ji feng

inundação

hong shui

gelo

bing

janeiro

yi yue

fevereiro

er yue

março

san yue

abril

si yue

maio

wu yue

junho

liu yue

julho

qi yue

agosto

ba yue

ano - nian

setembro
....
jiu yue

outubro
....
shi yue

novembro
....
shi yi yue

dezembro
....
shi er yue

formas

xing zhuang

círculo
....
yuan xing

quadrado
....
zheng fang xing

retângulo
....
chang fang xing

triângulo
....
san jiao xing

esfera
....
qiu ti

cubo
....
li fang ti

cores

yan se

branco

bai

amarelo

huang

laranja

cheng

rosa

fen

vermelho

hong

lilás

zi

azul

lan

verde

lü

castanho

zong

cinzento

hui

preto

hei

muito / pouco

hen duo/shao xu

furioso / calmo

sheng qi/ping jing

lindo / feio

mei/chou

princípio / fim

shou/wei

grande / pequeno

da/xiao

claro / escuro

ming/an

irmão / irmã

xiong di/jie mei

limpo / sujo

gan jing/ang zang

completo / incompleto

wan zheng/que shi

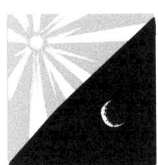

dia / noite

bai tian/wan shang

morto / vivo

si/sheng

largo / estreito

kuan/zhai

comestível / não comestível

ke shi yong/fei shi yong

mau / gentil

xie e/shan liang

entusiasmado / entediado

xing fen/wu liao

gordo / magro

pang/shou

primeiro / último

di yi/zui hou

amigo / inimigo

peng you/di ren

cheio / vazio

man/kong

duro / macio

ying/ruan

pesado / leve

zhong/qing

fome / sede

e/ke

doente / saudável

sheng bing/jian kang

ilegal / legal

fei fa/he fa

inteligente / burro

cong ming/yu ben

esquerda / direita

zuo/you

perto / longe

jin/yuan

novo / usado

xin/jiu

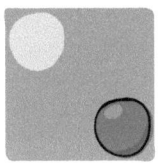

nada / algo

mei you/you xie

velho / jovem

lao/you

ligado / desligado

kai/guan

aberto / fechado

da kai/he shang

baixo / alto

an jing/chao nao

rico / pobre

fu/qiong

certo / errado

dui/cuo

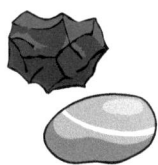

áspero / liso

cu cao/guang hua

triste / feliz

shang xin/gao xing

curto / longo

duan/chang

lento / rápido

man/kuai

molhado / seco

shi/gan

ameno / fresco

wen nuan/liang shuang

guerra / paz

zhan zheng/he ping

0

zero

ling

1

um

yi

2

dois

er

3

três

san

4

quatro

si

5

cinco

wu

6

seis

liu

7

sete

qi

8

oito

ba

9

nove

jiu

10

dez

shi

11

onze

shi yi

12
doze

shi er

13
treze

shi san

14
catorze

shi si

15
quinze

shi wu

16
dezasseis

shi liu

17
dezassete

shi qi

18
dezoito

shi ba

19
dezanove

shi jiu

20
vinte

er shi

100
cem

bai

1.000
mil

qian

1.000.000
milhão

bai wan

idiomas

yu yan

inglês

ying yu

inglês americano

mei shi ying yu

chinês mandarim

pu tong hua

hindi

yin di yu

espanhol

xi ban ya yu

francês

fa yu

árabe

a la bo yu

russo

e yu

português

pu tao ya yu

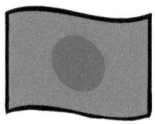

bengalês

feng jia la yu

alemão

de yu

japonês

ri yu

eu

wo

tu

ni

ele / ela

ta/ta/ta

nós

wo men

vós

ni men

eles / elas

ta men

quem?

shei?

o quê?

shen me?

como?

zen yang?

onde?

na li?

quando?

shen me shi hou?

nome

ming zi

atrás

hou mian

em

li mian

à frente de

qian mian

sobre

shang fang

em cima

shang mian

debaixo

xia mian

ao lado

pang bian

entre

zhong jian

lugar

di dian